물소리 사이에 있다

예술가시선 42

물소리 사이에 있다

초판 1쇄 발행   2025년 10월 15일

지은이   설태수

펴낸이   한영예
편집   박광진
펴낸곳   예술가
출판등록   제2014-000085호
주소   서울 송파구 문정로13길 15-17, 201호
전화   010-3268-3327
팩스   033-345-9936
전자우편   kuenstler1@naver.com
인쇄   아람문화

ISBN   979-11-87081-38-8 03810

예술가 시선
42

물소리 사이에 있다

설태수 시집

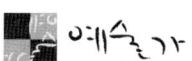

시인의 말

없는 길에도 물소리는 간다.
詩 또한 그렇게 간다.

2025년 시월

설태수

목차

시의 벗으로서 한 말씀 / 성찬경

10분간 휴식

나무 높이 집을 짓고 있는 까치.
건축자재를 계속 물어 나르고
부리로 콕콕 찍는 망치질에
쉴 기미가 안 보인다.
10분간 휴식,이라고 말해줄까.
황사바람 적지 않은데
뭘 먹기나 했는지.
보는 이의 마음도 가만있질 못한다.
공해 한 점 남기지 않는 건축.
그 위력에 우물쭈물하는 펜.
〈詩〉도 종종
10분간 휴식! 할지 모른다.
생각 좀 환기하라는.
아, 그랬었지
한여름 철조망 통과 훈련 중
10분간 휴식!
가시 철망 아래 누워있을 때

하늘은 몸에 빨려들었던가.
매미 소리 쩌렁쩌렁하였고
온 하늘 그대로 몸 아닌가 했었다.
혹시, 그 무렵에
〈詩〉의 집이 발원한 건 아녔을까.
삼라만상이 본래
〈詩〉에너지로 충전되어 있는 건가.

눈떴다

또 눈떴다,고 하셨지.
아이들 아침에 장난치다가
하나 울면 어머니가 그러셨다.
맞은편에서 걸어오는
중학생 정도의 여학생.
폰을 거울삼아 긴 머리 돌려보곤 한다.
한껏 올라간 교복치마.
눈떴다는 거다.
꽃봉오리 붉게 내밀고
가로수는 새순들로 점령되었다.
눈뜬 거 천지다.
입 다물고 있어도 예외는 없다.
감 잡기 쉽지 않은 풍향.
멀리선 포탄 터졌고
초신성 폭발이 활짝 했단다.
캄캄해도
눈뜬 것이다.

꽃 아니면

빠른 비디오로 재생하면
피어나는 꽃은 폭파되는 모습.
막막 허공이 갑갑하였나.
향과 형형색색으로
자신을 달래지 않을 수 없겠네.
'존재'가 그렇지 않을 리 없지.
자폭으로 공허에 맞서는가.
'나' 아닌 것이 없다며
휘트먼은 '나'를 찬미하였지.
꽃과 무관한 게 어디 있을라고.
매일 씻고 단장하는 것은
이슬에 맡긴 꽃을 닮았다는 것.
달리 찾을 게 있나
눈 뜨면 벌써 꽃인데.
꽃 아니면 떠나지 못하는데.

그림자가 무거웠나

건물 벽을 날고 있던
새 그림자.
새를 놓아버렸다.
그림자는
시간 밖으로.
잠시 잠깐 나무를 스치면
퍽, 퍽, 퍽, 퍽
그러나 한 점 튀지 않는
검은 그림자.
그토록 무거웠나.
지상은
중심을 잃지 않는다.
잠 속에서도 그림자는
끄떡없는 것이다.

새똥이 머리에

까치 똥이 머리 위에 떨어졌다.
덩어리는 없고 묽었다.
주황빛에 열매 으깨진 것 같은 냄새.
난생처음 새똥을 만지게 되었다.
자꾸만 웃음이 나오네.
종종 새들한테 눈이 가곤 하였지.
까치가 혹시 어떤 증표를 내려준 거
아닐까. 그렇지, 무관할 리가 있나.
같은 하늘, 같은 바람 말고도
비와 눈 속을 공유하는데.
글에도 여러 번 들어왔지.
그 덕에 그들 체취가 은근슬쩍
글 냄새에 스며있는지 몰라.
휴지로 닦고 닦아도 똥은 똥.
잘 지워지지 않는다.
몸속을 훑고 나온 것인데
바람의 파편들도 녹아있겠지.

그런데 덩어리가 없는 걸 보면
설사기가 있었나.
어쨌거나 무슨 암시 같진 않을까.
구름 하늘과는 나보다 더 친했을
새의 똥이 내 정수리에 떨어졌다는 것.
웃음이 또 나오고 있었다.

탁주꽃

거기서 한 시간 반 정도 걸어가면
우리 어머니 고향이여. 재 넘어
시집오셨으니까 양쪽 다 훤히
아시지. 자네 제일 큰 형님이
아마 우리 엄니하고 동갑일 겨.
고생하셨어도 오래 사셨지.
스물 안 되어 맏이를 보셨으니
나중엔 같이 늙어가더만.
참 살기 힘들었지.
아유, 저 꽃 좀 봐. 예나 이제나
변함없잖어. 그게 살아온 힘이라.
절기 따라 한결같으니 말여.
자, 한 잔 하시게.
요샌 하루하루가 꿈인지 생신지
헷갈릴 때가 많여.
잎들 살랑거리고 새소리 들리면
천국 같다니까, 참말로…

갈 때 까진 내 몸 내가 간수해야
하는디…. 이렇게 서로 얼굴 보고
하니, 여그가 좋긴 좋은가 벼.
나아, 우리 큰애가 용돈 준 게 있어
오늘 밥은 내가 낼 테니 좀 봐줘,
하하하하….
80은 넘었을 두 분이 탁주꽃을
피우고 있었다.

하얀 악어

이런, 쟤가 들키고 말았네.
엄청 내렸던 눈이 그치고
서서히 부피를 줄여갈 무렵
악어, 눈과 한 몸이 된 악어가
굵은 나무줄기에
하얗게 웅크리고 있었다.
발 넷은 바짝 몸통에 붙였고
머리는 나무 맨 위쪽으로
꼬리는 배 밑바닥에 숨겼다.
저러고 있으면 모를 줄 알았나.
시끌시끌한 차량들 소리
자기 자신에 빠져있는 사람들
드문드문 까마귀 까치들 날고 있어
설마 자기한테 눈길 줄 이가
누가 있으랴 했겠지.
아, 그러나 완벽한 위장은 없는 법.
나무 몸통 타고 미세하게 오르다가

그만 들키고 말았던 것.
버스 기다리다 다가오는 노을빛
올려보다가, 큰 눈은 마지막인가
이상하게 버스도 안 오네 하다가
하얗고 하얀 악어 등짝을 보고
만 것이다. 모른 척 혼자 웃고
만 것이다. 그 녀석,
눈 뒤집어쓰고 있지 않았으면
나도 놀라 자빠졌겠지.
그럴까 싶어 저토록 숨소리 죽인 채
있었나. 백설 침묵이
꿈틀하는 듯하였다.

모서리 그림자

곱디고운 석양이 산 능선에 걸리면
삐죽삐죽한 바위 모서리 그림자가 얼마나 긴지.[*]

—拜延 윤종영, 하영휘 옮김

이 구절 다시 적어보니
그냥 흘려보낼 수가 없었다.
무심해 보이는 사람들도
새소리 향긋하게 들려도
모서리가 없을 수 없기 때문.
들숨날숨이 시간을 찍어나가기 때문.
3년 남짓 모인 글.
거기에도 모서리가 적지 않았지.
날씨와 상관없이
걸음마다 생략된 바람이 없었다는 것.
그것이 결정적인 힘이기도 했던 것.
그나마 침묵 속에 있을 때
생각 너머의 그들 여파가

등을 어루만지진 않았을까.

어슴푸레 석양 같지는 않을까.

* 娟娟斜日掛山崗 巖角參差影許長 —『가련유사迦蓮幽詞』79쪽

안 보일 때까지

물가에 백로 20여 마리
모락모락 빼곡한 찐빵 같다.
산골에서 도시로 나왔던 유년 시절.
처음 본 찐빵에 얼마나 끌렸던지
엄마 손 잡고 가면서도 뒤돌아보고 하였다.
머리 허옇게 변했어도
그 여진은 가라앉지 않는다.
기차 소리에 놀랐을 법한데
무리 지어 있으면 소리의 진동도
이 등짝 저 등짝에 미끄러져
아무런 위협이 못되나 봐.
안 보일 때까지 고개를 돌리고 돌려
그들을 보았지.
기대고 싶었나 봐.
점점 더 멀리 떠오르는 지평선.
수평선처럼 아름다운 사람이 되고 싶었다는
시인*도 있었지.

그 선 위아래가 어울릴 수 있으니까.
서로 위로가 될 수 있으니까.
그러나 물 가장자리와 흰 눈은
아슬아슬 팽팽할 수 있겠다.
공허와 생의 접선 또한 얼마나 다르랴.
안 봐도 그럴 것 같다.

* 최광식(1953-2024)

한사코

서너 살 아이한테 아빠가
밥을 먹이고 있다.
구름 보다가 한 숟가락
새 보다가 한 숟가락
또박또박 받아먹고 있는데
아빠는 아이 입만 보고 있었다.
다 먹는가 싶으면
금세 한 숟가락 대령하고 있었다.
한적한 야외공원
바람은 여기저기
기웃거리고 있었다.
하늘도 한사코
눈을 떼지 못하고 있었다.

苦生고생

생을 이끌어나가는 풀잎.

오래전 첫 풀잎이 돋아난 후

시작된 일.

풀잎 아래선 없어지지 않을 일.

풀잎 그늘 벗어날 수 없다는 것.

같은 풀잎이라도 쓴맛은 다르게

다가와, 혈육이라도 나눌 수는 없지.

치우침 없는 풀잎 기운.

苦 苦 苦 苦

온 산하를 꿰고 있는 풀잎.

돌아볼 여지가 없다.

苦 苦 Go Go

잠들어 있어도 가고 있다는 것.

가고 갈 수 있는 힘의

풀잎 그늘.

아까부터 새가 먹이 찾고 있었다.

그림자에 걸려

흔들하더니 파란 잉크가
돌멩이에서 쏟아진 건가.
가까스로 고여 있다가
땡볕 태풍을 건너왔는데
가을바람에 젖어들고 했는데
스친 그림자에 걸려 엎질러졌나.
건드려 봐도 묻지 않는 파란 빛깔.
빈틈없이 돌은 반투막이었다.
하늘빛 잉크가 가리는 것은 없다.
절기마다 어떻게 불든
그 바람줄기 따라
잉크는 찰름거리고 있었다.
그가* 좀 놀라지 않았을까
돌멩이의 막이 그토록 여렸다는 것이.
사시사철 하늘빛이
잠잠 통과하고 있었다는 것이.

* 화가 이강소(1943-)

30

천만다행

대형 거울에 비춰보며 지나가던 여성.

잠깐 돌아와 다시 본다.

거울한테 붙들렸다.

바람이 장난친 건가.

얼굴 맵시를 손본다.

몸이 사원이라고 하던데

몸만 한 수행처가 없다고 하는데

천지 이치가 고스란히 녹아있다는 말.

오래 떠돌았지만

바람줄기 하나 건너뛰지 못했다.

천만다행이다

한눈팔지 않고 헛다리 짚지 않은 몸.

쭈글쭈글해졌으나

정직하였다는 것이다.

반추할 수 있는 실마리가 된다.

마음에 들었는지 발걸음 옮기는 여자.

거울 벗어나기 직전

한 번 더 돌아보는 저 눈빛이라니.

글은 호시탐탐

이 가지 저 가지로 날아다니는 콩새.
추워도 위축된 기미가 전혀 안 보인다.
날고 있는 일이란 위축이 없나 보다.
언제 펜을 들어도
글이 위축된 적은 없다.
마음이 문제가 될 순 있어도
글은 호시탐탐이다.
오늘은 글의 어떤 낌새가 도사리고 있을까.
집을 나서면 이미 활동하는 사람들.
콩새가 별난 것은 아니었다.
자고 있어도 아파도 심심해도
생은 별난 것이라서
온 힘으로 입을 받들고 있다.
꽃잎도 풀잎도 칼날 같을 때가 있는 입.
전철에서 화장 삼매경인 여성은
입술을 빨갛게 벼리고 있었다.
별빛과 바람 어둠이 늘 새롭기 때문인가.

그렇네, 새도 수시로 부리를 다듬더군.

곤줄박이의 생도 만만치 않았지.

거친 발가락이 손에 닿은 적 있으니까.

새와 [탄]생, bird와 birth.

발음상 형제 사이 같네,

고달파도 생은 비상을 꿈꾸고 있나.

깨끗이 떠난다는 점에선

사람보다 새가 단연코 윗길이다.

새를 보면 자꾸 눈이 따라간다.

자나 깨나 허허

선회하는 버스에서 쓰러질 뻔했는데
외국인 남자가 받쳐주었다.
고마워했으나 속으론 미안했다.
탁주 한잔했기 때문이다.
버스에서 내렸어도 그의 밝은 표정이
맴돌고 있어
겨울바람이 차게 느껴지지 않았다.
有無가, 좋고 나쁨이, 그런 사이 아닐까.
허공이 존재의 바탕이라서 그런가.
희비가 꺾이는 것도
虛에서 나온 때문.
자나 깨나 虛.
허허허 웃음이 나올 수 있는 거다.
젊었을 때 몰랐던 그 웃음소리.
몸은 얼마나 명쾌하게 통해있는가.
무장무애와 한 몸이었다.
캄캄 적막이 배후이기도 하다.

돌아보지 않아도

물에 닿을 듯 닿을 듯 날아가는 새.
물고기 기척이, 심장소리가 감지될까.
느낄 겨를이 없을까.
광나루 근처였나.
추운 날씨에 전철은 붐비는데
사람이 어려운 일 닥치니까
뒤돌아보게 되더라는 옆 승객의 말.
새가 돌아보지 않아도 되는 것은
역류하지 않는 물결 덕이다.
글은 돌아보지 않아도
지금이다.
'지금'은 언제나 '파동'이라서
三世가 꿈틀 하지 않을 수 없다.
어둠은 별빛의 살집이기도 하여
'지금'이 통째로 '생물' 아닐 수 없다.
새하고 글이 아무래도
닮은 거 같다.
새의 눈을 닮은 시인을 본 적 있다.

님

때로는 바람이 지나가는 걸 듣는다, 그리고 생각한다,
바람 지나가는 걸 듣는 것만으로도 태어날만한 가치가
있구나.

　　　　　　　　　　　　　　—페르난두 페소아, 김한민 옮김

이 구절 만난 것만으로도 태어날만한
가치가 있다는 생각.
바람을 '무명 무실 무감한 님'이라고
노래한 가수*도 있다.
무궁무진 바람 속을
달리고 달린 적 있었지.
아무런 걸림이 없을 것 같던 기분.
무시무종 風化가
생을 견인하고 있었다.
욕심부리거나 화났을 때는
바람 속에 있어도 바람을 몰랐다.
뜨거운 국물 먹다가 시원하다 했지

몸이 바람한테서 왔다는 거 아닐까.

맘껏 웃고 있는 저 여자

들썩들썩 날려갈 것 같네.

들이치는 찬바람.

바람 줄기로 생사가 한 핏줄이다.

바위 풀잎 냄새가 끊어지지 않는다.

* 한대수(1948-)

소리 그림자도

지는 잎보다
그림자가 먼저 떨어진 것은
잎을 받으려는 것.
잎이 날리고 뒹굴고 하면
그렇게 맞추면서 인도하고 있었다.
떠날 때 무서워 말라는 거 아닐까.
갈 조짐 보이면 벌써
동반자가 대기하고 있다는.
共鳴공명이 없을 수 없다는.
그림자에 통하지 않는 소리가
어디 있을라고. 나그네에겐
발걸음 소리도 동무가 되고 말고.
텅텅 빈 우주는 울릴 수 있는 터전.
귀가 먹먹한 이유다.
어디쯤 갔을까, 그 낙엽은.
외로울 리가 있겠나,
소리 그림자도 함께 떠났는데.
가루가 되어도 같이 떠났는데.

음색은 대들보

음색은 그 사람의 대들보.

쌍둥이도 같은 목소리는 없다고 한다.

음색 덕에 족적은 뭉개지지 않아

견고한 그 행로는 다단계 연료.

이승에서 발사될 때 실패는 없다.

의식이 몽롱해도 이탈은 없는 것이다.

꿈에서도 그대로였던 스승의 음성

이승 저승을 관통하는 대들보였다.

50년 만에 만난 고교 동창.

누구였는지 잘 몰랐을 때

첫 음성으로 즉각 알 수 있었다.

서슬 퍼런 경계선이 있었던 것.

서서히 몸은 무너져가고 있으나

음색은 별반 달라진 게 없었다.

피와 땀이 때론 분노가

온몸을 휩쓸고 갔어도

끄떡없이 천연스런 음색.

눈 감아도 청력은 남아 있어
남은 이들의 음성은 배웅할 수 있다.
음색 그림자도 함께 할 것이다.

무아경

어린 아들을 앞에 앉힌 채
아빠는 자전거를 몰고 간다.
표현키 어려운 그들 표정은
줄기에 의탁한 꽃봉오리 같다.
체취는 또 얼마나 달큰하랴.
뼈 속속들이 파고들지 않을까.
그만한 무아경은 흔치 않으리.
글이 어떻게 나오든 저 정경에
근접하긴 미진할 터.
떠난 후에도 든든할 가로수와 우리는
저 부자간의 관계와 다르지 않으리.
바람 구름 강산에도 그렇지 않을까.
과객이 삼라만상에 무관할 수는 없다.
체취를 양자현미경으로 들여다보면
물물의 체온들로 틈 없을지 모른다.
그래서일까 같은 길 가도
노변 울타리에 눈 가는 것은.
하늘 보고 풀잎 보게 되는 것은.

'시는 내가 홀로 있는 방식'[*]

홀로,에 자꾸 눈이 간다.
로로로로, 흐르는 시냇물 같다.
물소리 따라 낮게 낮게
노래 나올 때가 있으니까.
하늘이 한결 눈에 잘 들어오고
잎 몇은 벌써 물드는 목백합.
키 높아 멀쑥한 그 나무는
우러러보기에도 좋지.
생생한 광경들이
幻影환영으로 보이기도 하는 것은
몇 억 광년, 그런 말이 불쑥
몸을 관통해 버린 탓인가.
눈길 거부하는 데는 어디에도 없어
홀로,가 길이 아닐 수 없다.
어딜 보든 바람에 통해 있으니
천지만물
그대 눈길마다

구름의 피가 관류하는 것이다.
한 자리에서도
방랑일 수밖에 없다.

* 페르난두 페소아, 김한민 옮김.

향은 물러설 줄 모른다

그늘과 빛 따라
명암의 농도 따라
음표를 걸쳐본다면
걸려들지 않을 노래, 음악이
있을까. 외로워도 적막해도
여명이든 황혼이든
오고야 말 층층의 빛과 어둠은
음악의 음악.
즉흥환상곡, 미완성교향곡
버스 안의 비트음도
빗소리는 어쩔 수 없다.
진력하고 있는 꽃봉오리를
빗줄기는 건너가는 것이다.
뭉개져도 탄생은 노래.
한 번 나온 향은
물러설 줄 모른다.
망설임이 없는 것이다.

꽃에 찔리는

얼마만인가 찔레꽃 하얗게
반기다니. 코가 끌릴 밖에.
개울 물소리에 젖은 채
찔레순 따먹기도 했었지.
언제부터였을까 이따금
말 걸어오는 유년 시절은.
돌아가자고 은근히 암시하는가.
짙어가는 잎들.
멈출 줄 모르는 마음.
바람 길에 돌아가는 길 있겠지.
바람은 지금이라서
'언제'가 파고들 여지는 없다.
건너편 테이블엔 여성 둘
지저귐 같기도 한 그 소리들도
어느새 훌쩍 떠나버렸다.
돌아가는 것도 그런 식일 것.
꽃에 찔리는 눈 눈 눈 눈

그 쉼표들이 징검다리였던가.

생이 그나마 건너올 수 있었던.

간이휴게소 같기도 하였던.

사이사이

금색 칠을 한, 악마 형상의 가면이다.
이마에 툭 불거진 힘줄을
감전된 듯 나는 본다, 그것은
악한 것도 얼마나 힘든 일인지를 보여준다.

—베르톨트 브레히트, 박찬일 옮김

독으로 독사의 몸은 윤이 난다.
박살 난 유리 파편은
팽팽한 긴장에서 해방된 것.
녹슨 쇳덩이가 검붉은 것은
마침내 돌아갈 수 있다는 것.
어둠의 젖으로
아침이 깨어난다.
화가 치솟은 그는
죽여버리겠다고 날뛰었지.
애정의 뒷모습이기도 하다.
이들 사이사이에는

반투명 막이 있었던 것.
차가운 이슬이 빼곡하였다.
'감전된' 그의 두 눈은
젖어 있지 않았을까.

바람 빠진 적 없는 바람

상파울루 세렝게티 미얀마
베트남 제주 설악 등이
친구들 목소리 타고 옮겨 다닌다.
그 바람, 냄새들 생생하였으니
태풍 돌풍이 있었다 한들
삐끗한 적 없고
바람 빠진 적 없는 바람.
엄정한 바람의 역학 덕에
웃음소리는 비틀거리지 않았으리.
잠시 그 소리 멈췄을 때는
방향이 조정되는 순간들.
바람만이 앞을 내다봤을 것이다.
재 넘고 물 건너 구름 굽어보다가
발자국 소리 벗 삼을 때 있다가
다들 마음 턱 내려놓는
이런 시절도 있다니.
바람의 완벽한 후원 없었다면

고통도 붙들어주지 않았다면
희끗해진 머리로
어찌 예까지 올 수 있었겠나.
꽃피는 봄비에 젖기도 했겠나.

조약돌

'진리의 바닷가를 거닐며
매끈한 조약돌을 줍는 아이 같았다.'*

풍우상설에도 돌에 매혹되었나 봐.
신경쇠약이 그를 덮쳤지만
좀처럼 흔들리진 않았으리.
인류사에 남긴 그의 업적이란
매끈한 그 마력魔力의 일부일 뿐.
그만한 흐름을 타고 있었으니
어떤 미련이 넘볼 수 있으랴.
생이란 풀잎 같아 그가 휘청거려도
크게 동요하지 않을 수 있었던 힘은
돌의 침묵에서 나온 것인가.
그러나 무엇으로도 위안이 될 수 없는 날은
홀로 걷고 걸었을 것이다.
그의 고독을 조약돌에 맡겼을까.

잡히지 않는 그 기운에
자신을 맡겼던 것일까.

* 아이작 뉴턴이 자신을 두고 한 말.

나는 왜 없을까[*]

까아아아아아아아아아
메아리의 끝이 안 보인다.
나아아아,도 그렇네.
공을 힘껏 차면
뻥, 소리로 날아가듯
소리의 그 울림은 허공과의 합작.
나,도 그냥 나올 리 없다.
맞장구치는 '나'는
그렇게 메아리칠 수 있는 나는
허공 덕이다.
끝이 보이질 않는 허,
텅텅텅 비어있는 공, 없이는
울리지 않는 나.
영원 허공은 나의 짝, 한 몸이다.
50년 전 단체 사진이 선명하진 않아도
그 모습들의 울림은 끝이 없을 거다.

* 박윤정(大光 고교 동기)

時習시습[*]

시시때때로 그 이름대로

익히고 익히면 날개가 돋아나

낮은 더욱 하얗게

밤은 더 까맣게

연습에 연습을 더하면

하양 밑바닥 아래선 까망이

까망 아래선 하양이

반들반들 윤이 날 수 있는가.

까망이든 하양이든

날개 짓 멀리멀리

창공 아득히 날아가면

눈부시고 눈부셔

컴컴하고 컴컴하여

산산이 광막해질런가.

고적한 지금, 얼마나 멀리 있나.

* 金時習(1435-1493)

54

청량에 기댄

생후 35일 된 강아지들
밥 먹는 소리가 개울물
흐르는 소리에 흡사하다.
개울도 그렇게 바람을
거침없이 먹고 있었던 것.
물의 투명 淸凉이 증거가 된다.
바람 바닥까지 핥고 핥는
물. 그래서일까
눈물 웃음이 맑을 수밖에 없다.
움켜쥐기가 어려울 밖에.

커지는 귀

능선과 파도가 입술이었다
낮 밤 애증이 굽이치는.
침묵일 때엔
침잠에 결빙되기도 하는.
하지만, 둥그렇게 터지면
탄성에 뒤집히곤 하는데
이정표가 무색해지는 것이다.
가도 가도 끝없을 길.
입술 길 따라
귀는 자꾸 커지고 있다.

내 안의 해

'아내' 어원이 내 '안의 해', 태양이란다.
덕분에 글하고 더 친해진 것 같다.
글쓰기에 집중되면 글에서
글이 자유로워질 수 있을까.
마지막 날에도 해를 봐서
고맙다는 인사를 남겼거나[*]
포도주 한 모금에 '아, 좋다!' 면서
눈감은 철학자[**]도 있었다.
멀리 들먹일 거 없이, 외삼촌도
아침에 마당 쓸고 난 후 가셨다.
'저승 가보고 마음에 안 들면
돌아올지 모른다' 던 시인[***]도 있었지.
글쓰기란 글 숲 헤치면서 가다가
낭떠러지에 이를 때
아득히 펼쳐질 활주로가 될 수 있을까.
아내는 빨랫감을 주워 담고 있었다.

* 페르난두 페소아
** 칸트
*** 로버트 프로스트

누운 물

아, 장미를 찾아온 것은 아니지만
우리가 도착했을 때 장미가 거기 있었네.

        —베르톨트 브레히트, 박찬일 옮김

지상을 찾아온 것은 아니지만
지상은 여기 있었다.
無常을 찾아온 것은 아니지만
도처에 무상은 있었다.
희로애락이 넘실거리고 있었다.
찌그러지지 않는 표면장력이
밤낮 붙들고 있었다.
땡볕에 바람 어둠에
증발, 증발되고 있어도
물줄기 마르지 않는 것은
수시로 솟구치는 용암의 불꽃 덕.
흔들리고 좌충우돌하여도
마음 바닥에 누운 물, 눈물은

무엇보다 닻이 아닐 수 없다.
생의 바다를 건너도록
심해처럼 붙들어주는 것이다.

완전무장

긴 머리 노랑으로 물들인 여자.
치마는 짧을 대로 짧아졌고
손거울 보고 또 보면서
속눈썹 깜빡깜빡해 보고
빨강 입술 확인, 뒤태 점검하면
무장은 완료되나.
초여름 잎들과 다르지 않아
짙푸른 독이 바짝 올라 있다.
걸리기만 해 봐라.
폭파를 기다리는 지뢰 같다.
이승 저승 모두 제압할 에너지.
본인도 잘 모를 거야.
투시하는 그 눈빛은
상처 없이 뚫고 들어갈
그 빛은
고스란히 새끼를 노리는 것이다
다가올 새끼를.

그렇다고 직성이 다 풀릴까.

팔십 넘어도 빨강은 식지 않는다.

붉은 태양과 한통속인가.

이 둘 사이엔 우열이 없다.

빨강에 무지개 햇살은

그들 너머에서 나오기에

그 진원지를 알기엔 좀 버겁다는 것.

그러니 그때그때 집중하라는 것.

뿜,가 장단 맞출 밖에.

해 너머가 캄캄할 밖에.

순순히 물러설 수 있다는 거다.

아쉽지만 그럴 수 있다는 거다.

그늘에 부딪쳐

햇살 내리쬐는 한낮.
손차양하고 가다가
줄장미 그늘에 부딪쳤다.
향이 난 것은 아니었다.
그늘에 걸리지 않는 향기.
무차별의 그늘.
하늘과 부딪친 것엔
예외 없이 드리운다.
시원하다,는 말은
무엇에나 공평하다는 것.
나무 그늘 아래
고양이도 있었다.
서늘함,이란
생 건너편에서 건네주는
나룻배 같기도 하여
친해지는 연습의 방편.
서늘함은
시원함의 뿌리이기도 하다.

물소리 사이에

밤에도 소낙비였지.
물기 그득하여 어쩔 줄 모르는
풀숲 저 멀리엔 지하철.
질주하는 차량들.
앞선 초로의 희끗희끗한 뒷모습.
아, 소리만 갖다 대면
사연들, 가마니로 딸려 나오겠네.
장미와 몇몇 꽃이 스쳐갔고
바위에 새겨진 이정표.
머리 위 키 큰 나무에선
흩어지는 아카시아 향.
전후사방 이 광경들은
향내 사이에 있었다.[*]
발걸음 어디로 향하든
더없는 향기의 방임.
걷고 걸어도 믿는 구석이 있었다.

* 春雨春風未暫閑 居然春事水聲間(봄비 봄바람은 잠시도 그치지 않는데/ 어언 봄날의 일이 물소리 사이에 있네) ―金錦園(1817-51)의 「始遊京城」 중에서 차용

날이 선

산책길 축대바위를 보기만 하다가
만져보았다.
눈과 촉각의 세계가 같지 않았다.
눈은 눈대로 촉감은 촉감대로
한 방 맞은 거 같다.
하나하나가 우주라는 것.
다른 돌덩이도 만져보았다.
아예 다른 석질.
글도 그래야 생생하리.
구절구절에 날이 서있어야
화음이 나올 수 있다.
몸을 울릴 수 있으면
정신은 더불어 진동하는 법.
낱낱이 고압전류를 두르고 있지 않을까.
여자들이 물건 살 때
만져보는 이유가 있었다.
'손대지 마세요'가 소용없다.

귀향

중력에 묶이지 않는 떠돌이 행성은
특정 별에 얽히지 않아 우주를
방랑자처럼 떠돈다.

—고재현 교수

나무 풀 맨홀뚜껑 흙냄새들 맡고는
다시 보다가 나아가는 강아지.
각각의 정체를 탐색하나 보다.
글쓰기도 냄새 맡는 것에 흡사한가.
구름 별빛은 눈으로 냄새 맡기.
냄새의 배후세력은 중력.
돌아간다는 것은
중력에 무관해진다는 것이리.
어느 별에도 얽힐 기미 없는
방랑이 뭔지 모르는 방랑.
어제 그제 본 나무를
또 보아도 싫증 나지 않는 것은

중력 너머를 궁금해하는 건가.

몸의 뿌리의 뿌리 그 뿌리를 유추해 본다면

향수鄕愁가 없다고는 할 수 없다.

펄럭이는 치맛자락을 보면

歸鄕은 언제나 도사리고 있는 것이다.

틈이 없다

산은 높고 물은 깊어, 옛도 없고
지금도 없네.[*]

산이 무한정 높고 그렇게 물이 깊다면
'옛'과 '지금'을 구분 지을 수 있을까.
통으로 깊고 높아
언제나 무진장에 젖어있으리.
물 샐 틈 빛 샐 틈 바람 새나갈 틈마저
없다는 거겠지.
고요하고 그윽한 소리가
삐끗할 일은 당연히 없다는 거.
손님 오면 망설임 없이
음식은 준비되는 것이다.
산과 물은 언제든 대기 상태.
깊고 깊은 물에 산이 드높아
가도 가도 하늘, 물러서도 하늘이겠네.
육신에 빼곡히 녹아있는 그 기운.

목청은 울리고도 남는다지.

오늘이 끄떡없다는 거지.

* 山高水深 無古無今 ─張維(1587-1638)「玄琴銘」중에서

칸딘스키

음악 듣고 그린 그림이라는데
곡선보다 직선이 훨씬 많다.
편견에 쩍, 금이 갔다.
예리한 날이 스쳐갔거나
잘린 듯 이어진 곡선.
쪼개고 쪼개서 음의 본질을 알려고?
음의 미적분인가.
층층이 리듬 지나가는 자국들.
상단엔 해 달 토성인지
윙 윙 윙 윙
반원들이 뭉게뭉게
떠다니는 사다리
과녁이 점점 커질 조짐이다.
기하학이 재미났나.
방심에서 삐져나온 음악의 늑골.
우측 아래는 갈색 한 방울.
커피향이 여직 번지고 있나 보다.

무자비

시인이여! 사람들의 사랑에 연연해하지 말라
열광의 칭찬은 잠시 지나가는 소음일 뿐
어리석은 비평과 냉담한 비웃음을 들어도
그대는 강하고 평정하고 진지하게 남으라
　　　　　　　—푸슈킨, 「시인에게」(최선 옮김) 중에서

'있는 그대로'가 존재의 동력이라고
할 수 있지 않을까.
희비에 휘둘리는 생.
뻔히 보이기도 하는 그 파문에
휩쓸리곤 하다니.
안쓰러울 때가 적지 않다.
무자비한 생은
무미건조함을 퍼들거리게 할 수 있다.
무자비에는 무한 자비가 잠복해 있겠네.
'평정하고 진지한' 그런 안목에는
상처투성이 단풍 길이

성찬으로 펼쳐진 거 아닐까.

그만.

푸슈킨이 한 마디 할 것 같다.

향연

고양이한테 잡힌 비둘기.
저녁 어스름 소공원이었다.
날개 믿고 방심했나.
컴컴한 곳으로 끌려들어 갔다.
날개 있는 것을 넘보다니.
일념으로 시가 점프하면
새 심장소리도 잡히고
바람 깃을 낚아채고
노을 냄새가 탄로 날 수 있다.
기웃거리는 모기 몇 마리.
글이 궁금한가.
소란스럽지 않은 것은 글의 미덕.
이런, 발등이 따끔.
양말 너머 피 냄새를 접수했군.
닮고 싶은 통찰이기도.
가로등 아래선 댄스 하는 여자.
지상의 향연을
황혼은 가리지 않는다.

퍼런 호칭

밥집의 중년 남자들.

건설 현장에서 잔뼈가 굵었다며

그중 반장 왈,

"그 노인장 있잖여. 보통 아녀. 일 다부지고

반장님, 하며 깍듯하기에 말씀 낮추시라 해도

그래야 일판이 제대로 돌아간다나.

서슬 시퍼래야 탈 안 난다는 겨."

마신 소주가 세 병.

그들 말씨는 흔들리지 않았다.

형님,이란 말이 붙어있었다.

건물들이 버틸 수 있는 것도

시퍼런 그 기운에서 나왔을 것.

장마 거치며 여기저기 쓰러진 벼.

금빛을 잃지 않았다.

빗속을 날아가는 새들

그들 사이 간격은 허물어지지 않는다.

퍼런 호칭이 맴돌고 있었다.

꽃들에 갇힌

몸 전체가 꽃들로 빼곡한
사슴 조각상. 빈틈없는 탓인지
징그럽게 보이기도 한다.
포개진 꽃들이 수두룩하다.
바람길 막혀 있으면
꽃 구실하기 어렵다.
휘청휘청 흔들리고 하는 것이
꽃의 속성.
덕지덕지 누적된 생각들이 보이면
글도 그러할 것이다.
덜어내고 덜어내는 일이
자연에 상응하는* 길이라는데
사슴은
꽃들에 갇히고 말았다.
바람이 건드리지 않으면
꽃은 자결할 수도 있다.

* 老子의 '爲道日損 損之又損 以之於無爲' 참고

놀래라

건물 모퉁이를 돌았더니
놀래라,
바로 앞을 턱 막아선 산봉우리.
밤새 빗소리 타고 왔나.
아침 해가 깜짝했을 거야.
산이 그토록 민첩할 줄은
몰랐을 것.
사람들 태연한 것을 보면
장엄한 전환에는
전혀 까딱 않는가 봐.
본시 장엄을 벗어난 적 없다는 건가.
연두 빛 나비의 날개 짓에
차량들 소리가 잠식되는지.
몸은 구름에 이웃하는지.
청량한 가을이다
혼이 뛰쳐나갈 것 같은.

하얀 죄

1.

철창처럼
창살 그림자가
종이 위에 내린다.

종이는 희다.

충분히 죄가 있다.

　　　　　　　　　　　　　　—라이너 쿤체, 전영애 옮김

2.

얼마나 백지 앞으로 끌려 나왔기에
저 구절이 나왔을까.
자다가 밥 먹다가 불려 가고.
울고 있는 여자를
뛰노는 아이를 보고 보다가
때론 꽃보다 눈부신 웃음을

분별없는 빗줄기를 넋 놓고 보다가
슬그머니 끌려 나갔겠지.
아무리 좋게 봐줘도
충분히 들을만한 소리다.
그러나 어쩌랴
끌려가는 그 길이
유일한 길이기도 한 것을.
침묵에 잠겨
몸이 가까스로 있는 것 같아
왠지 도연해질 때가 있는 것을.
하여, 덧붙이고 싶다.
충분히 〈하얀〉 죄가 있다고.

비 비 비

45년생 44년생이라는 두 노인.
식사 중 얘기는 이어진다.
지식과 지혜가 다르다는 말.
붓글씨 배우면서 여러 층 접해보니
더욱 그렇다나. 지혜가 중하단다.
지혜도 없고 얻을 것도 없다*는데
더하고 뺄 거 없다는 비 비 비.
고루고루 촉촉이 적시고 있었다.
여름날 행군시절 흠뻑 젖고 싶었었지.
비에 유난히 눈 가는 걸 보면
늘어나는 연락두절 때문인가.
한 잔에 그나마 젖을 수 있다니.
지식도 지혜도 젖고 있을까.
서로 젖고 있지는 않을까.
그러나 방향은 적잖이 다르겠지
더하는 쪽과 덜어내는 쪽이라는.

* 無智亦無得 ―『반야심경』 중에서.

불환과

엄마 그림자 밟으면서 걸어봐.
햇볕 내리쬐는 대낮.
나란히 걷는 아이한테 엄마가 그랬다
그림자 밟으면 안 덥다고.
'미혹한 세계로 다시는 오지 않는다'는
不還果불환과.
엄마를 떠나고 나면 도처에
미혹은 포진해 있겠지.
좌충우돌 부딪치고 하여 멍들곤 하지.
반복하고 싶지 않은 숱한 상처.
정신 번쩍 나기도 했던 길.
오는 도중 진노랑 금계국에 혹했고
까치의 펼친 날개를 보았다.
미혹한 세계로 다시는 오지 않는
그런 길이 있다지만
혹하게 하는 것도 생의 에너지.
빛과 그림자를 볼 수 있는 것이다.

'당신의 선택이 옳아요'

커피 잔 스티커에 적힌 '오늘의 운세'였다.
30여 분 전 지하철 출구 모퉁이에서
습득한 손지갑을 역 사무실에 전해준 것이
벌써 알려졌단 말인가.
그림자처럼
바람이 본 것처럼
어쩌면 전광석화와도 같이
세계는 한 몸이라는 건가.
간혹 소식이 늦을 때가 있으나
기어이 오고야 마는, 아니면
내세 또 다음 다음의 생에라도
드러날 건 드러나기 마련일까.
유무가 한 쌍이 아닐 수 없어
이런 경우가 셀 수 없을 것이다.
귀엣말도 피해 갈 수 없을 거다.
얼마나 통절히 공감했기에
'인드라망'이라는 용어가 있을까.

어쨌거나 '…. 옳아요'에
잠시 묘했던 기분.
문득 세상은 살얼음을 걷는 것 같은
쌀쌀한 아침이다.

심기

'나무의 심기'로 얼핏 보였나.
지하철 옆 사람이 펼친 책.
소제목은 '나무 심기'였다.
'나무의 심기'로 읽히지 않았으면
글이 꿈틀 하진 못했을 것.
심기 없는 게 있을까.
돌덩이도 그렇지 않을까.
만물은 한 뿌리에서 나왔다는데
심기 불편해하는 개체가
적지 않을 것이다.
무참히 잘린 나뭇가지.
멍든 강물.
무지몽매도 〈존재〉의 일환인가.
하늘 심기 땅의 심기에
저 구름의 심기는 어떠할까.
심기.
그 말의 울림은 어디까지 갈까.

맹점

시신경 모두가 뇌로 통하는 길목
그 망막이 바로 맹점이란다.
시각 세포가 없는 그러한 점이
시신경 전부를 받들고 있다는 것.
일상에 휘둘리다가
돌아올 수 있는 바탕이
다름 아닌 무심이겠네.
뒤죽박죽 난감했을 때
그 시점이 지나면
정신은 수습되곤 하였지.
반쯤 혼이 나간 순간들 덕에
그나마 생은 흘러온 것인지.
막막함이 구명줄이기도 했었나.
희망 절망 너머의 세계인가.
맹점.
빛들이 통과하는 점이다.
교통신호등이다.

霞石하석 朴炡박정

노을에 비친 돌
돌에 깃든 노을
노을이 돌에 뿌리내렸을지도.
지인들이 자주 불렀을 호.
이름을 대신하였던 '하석'
들을 때마다 노을 못지않게
돌에 젖곤 했으리.
그 노을빛에 기대면
무상을 실감하지 않을 수 없어
허욕과 집착은
얼씬거리지 못했는가.
사사로움에 초연할 수 있었는가.
인조반정에 자신을 던졌던
그의 행적과는 별도로
霞石, 그 호에선
시운詩韻이 예까지 번지고 있으니.

날고 있는 하늘

#1.

종이 한 장을 똘똘 뭉쳤다 펴보라. 구겼다 펼칠 때 생기는 주름은 매번 다르다. 개인마다 다른 지문과 같다. 2차원의 종이가 3차원의 뭉치로 바뀌기 위해 그때 그때 임의로 결정된다. 주름은 가다가 다른 주름을 만나서 크고 작은 주름의 네트워크가 형성되어 추상화 같기도 하고 암벽 같기도 하다. 종이가 찢어질 때도 마찬가지다. 찢어진 선을 들여다보면 바닷가의 해안선처럼 보이기도 한다.

—황원묵, 「구겨짐의 미학」 중에서

#2.

공원의 소나무 가지들. 예상을 벗어난 형태였다. 예측은 詩의 독소. 가끔 한 소리 듣는 것도 그렇게 현실을 모르냐는 것. 그건 그때고 지금은 지금이라며 지금을 자꾸 놓치고 있다는 것. 어? '지금'이 '詩'로 치환될 수 있겠네. 저기 저 날고 있는 나비에 하늘이 그득하였다. 하늘이 연두 빛으로 날고 있었다.

호퍼

1

해변 절벽의 그늘이거나
불빛 아래 옷 벗는 여성의 실루엣이든
어둠의 스멀거림에는 티끌도 꼼짝 못 해
아이스크림에 진압되는 혓바닥이다.
강철이든 풀잎이든
속살이 어둠 아닌 것은 없으니.
밤새도록 핥고 지나간 지극함에
촉촉한 빛으로 어쩔 줄 모르니
하루하루를 건너갈 수 있는 힘 아니랴.
질주하는 오토바이를 놓치지 않는
그림자.
그 속도를 위무하고 있는지 모른다.
등이 움푹 패인 검은 옷은
뒤집힌 어둠에서 나왔나
「오전 7시」*를 감싸고 있었다.
말라죽는 지렁이를
그림자가 지켜보고 있었다.

2

상가건물의 간판을 하나씩 읽고 있는 이.

오고 가는 인파 속 섬으로 보였다.

그의 긴 그림자가 짙어 보인다.

호퍼가 응시했을 것 같은 모습.

그 광경 오래 보고 있으면

하늘빛은 무한 층층으로 보이려나.

바람 타고 소곤거리는 빛깔 같네.

그늘과 색으로 무궁무진 변주될 미지에

작업은 해도 해도 열려있어

눈빛은 풍경에 빼앗길 수도.

「철길의 석양」*에서 번지는 여운은

어둑해지는 뒷모습으로 스며드는가.

빛과 그림자 사이의 색조가

「자화상」*을 빠져나오지 못하고 있다.

세파가 연신 기웃거리고 있다.

* 「오전 7시」, 「철길의 석양」, 「자화상」은 호퍼(Edward Hopper, 1882-1967)의 작품들

우주 같은 슬픔

바람에 펄럭거리는 높다란 돛.
그것도 쌍돛대를 모신 마음
悲.
한시도 불지 않을 때 없는
매 순간 같은 모습이 아니고 아니라는
천지 리듬의 悲.
잔잔하거나 폭풍우 치거나
파르르 떨리기도 하는 돛에
실려 가는 마음.
한배를 타고 있어 그대의 늙어감도
일일이 눈치채긴 쉽지 않아
이 모두가 우주 같은 슬픔 아니겠나.
그 무엇도 빠져나갈 순 없겠네.
그래도 저 언덕에서 보면
이런 정경이 눈부실 때 있으니.
안개에 가려질 때가 있으니.

빛의 골격

폭포처럼 피어난 담장의 능소화.
아래로 뻗어가는 줄기에서도
꽃은 밖을 향해있다.
음악과 사람들의 소음을 거스르며
갈 길 찾고 있는 펜.
직선도 그랬나. 리듬 같기도 한
가지각색 사각형의 선들은
서로를 밀쳐내는 형국.
빛의 골격에 골몰하다는 것.
몬드리안은 시류에 뻗지르기를
그런 식으로 멈추지 않았나 봐.
꽃만큼 저항이 극적인 것은 드물 거야.
탄성으로 항복을 유도하니까.
팔짱 낀 채 걸어가는 노부부.
버팀목 같은 그림자 덕이었다.
저승까지 맞서 있는 뼈대일 것이다.
빛의 격자 n승이 깡깡하다는 거다.

「수색역」*

별빛이 추락하지 않는 것은
찰랑거려도 찢어지지 않는
묵 같은 어둠 덕이었다.
아무런 무게 없는 그 어둠이
검붉은 벽돌의 낡은 역사驛舍에도
틈 없이 팽배해 있었던 것.
헛기침 소리에도 삐져나올
그런 어둠이 역사 안에 그득했다니.
그걸 상처 하나 없이 그대로
화폭에 옮겨놓았다니.
마침내 붓을 놓은 그는
담배연기를 길게 내뿜지 않았을까.
그를 어루만지지 않고는
연기가 떠날 수 없었으리.
그를 품은 것도 오래 묵은 어둠
아기처럼 품었을 것이다.

* 화가 원계홍(1923-1980)의 작품

붓꽃

꽃이 붓으로 보였나 봐.

진보라 색은 잉크를 떠올렸을까.

붓하고 가까웠거나 동경했을 수도.

숨통이기도 하지.

'遊戱三昧'유희삼매,라는 秋史 글씨.

퇴직한 친구는 글 쓰는 일이 고맙단다.

붓.

밥그릇 이고 가는 형상.

절감하지 않을 수 없다.

예까지 참 아슬아슬하게 왔지.

바람 타고 펼쳐나가는 셈.

존재가 붓 아닌가.

보이지 않는 것은 보이는 것을 통해

표출되겠지.

핫팬츠 여자가 활보한다.

살집마다 직언하는 기세.

그대로 붓이다.

붓꽃이 다시 보였다.

줄탁

백지 앞에서 꽉 막힌 기분.

믿을 것이라곤 펜.

콕콕 찔러가듯 적어나가면 '줄탁'

바깥 어딘가에선 응수할지 모른다.

새싹들 뾰족뾰족은 요지부동.

얼마나 담금질했을까.

독기가 파르르 떨고 있나 보다.

택배 청년이 빠르게 이동하고

차량들 너머로 나비 날고

절면서 병원 나서는 남편을

조심조심 아내가 부축하고 있다.

세월의 슬픔을 감당하느라

예술을 거들떠보지도 않는 연인들 대신

물보라 치는 이 페이지에

시를 쓴다고 했던 시인.*

역시 공기처럼 무변인가, 詩는.

* Dylan Thomas (1914-1953)

우주는 공짜 점심

찬바람 쌩쌩하더니

생기 도는 산봉우리.

'우주는 최상의 공짜 점심*'이라 한다.

있는 그대로를 전할 수 없는

산중에서의 희열**과 다르지 않은가.

어디서부터 손댈까.

불빛 아래 물방울은

영롱 영롱하여

점심은 더없이 끌리겠지.

우주를 점심에 비유하다니.

한 번 더 이 말을 알리고 싶었다.

강 건너 암벽 냄새가

두 눈에 쓰윽 들어오던 고향.

그에겐 우주도 다르지 않았으리.

* Alan Guth(1947-)
** 山中何所有 嶺上多白雲 只可自怡悅 不堪持贈君 ―陶弘景(456-536) 참고

독백

차마 거절할 수 없었다
모델이 되어달라는 남편의 말에.
수십 번 의자에 앉고 하여
참 까다롭구나 하면서도
남편이 안쓰럽기도 했어.
풀리지 않는 수수께끼를 마주한 것 같고
그림에 집요한 그 마음은 도대체
어디서 나오는 걸까.
점점 궁금해지다 못해 어느 날부턴
무심해지는 기분이 들었지
어떤 요청에도 거부감이 들지 않았으니
바위덩이에 마음 있다면 그에
유사하진 않았을까.
몇 날 며칠이 지났는지 모르지만
남편 얼굴이 밝아지기 시작했지.
입 꼬리가 살짝 올라가기도 했으니까.
마침내 놓아버린 목소리
수고했구려, 참 수고 많았소.

業업

푹 익으면 알콜기가 있다는 열매.
그걸 따먹은 새들이 바닥에 널브러졌다.
다들 하늘 향해 있는 발.
의식 잃어도 날고 있던 영역을
발은 떠날 수 없나 봐.
業,이라고도 하던가.
머리 뚫고 뿜어 나오는 기세 봐라.
솟아나는 새싹을 막을 수 있나.
생이 끝난다 한들 일생 업이
없던 일이 될 수 있겠나.
잠시 후 새들 날아오르겠지.
혼절했던 게 뭔지 모를 거야.
생사 관계도 그러할까.
"있을 수 없는 일"이라는 말이 들렸다.
틈 없이 이어짐을 몰랐구나.
허공의 숨소리가 들리지 않는 것은
빛과 어둠으로 숨쉬기 때문.
있을 수 없는 일이 없기 때문.

말소리의 잔영이

전철에서 술내 풍기며 횡설수설하는 이.
말할 상대가 없지 않았을까.
중얼거리는 저 심사를 이해할만하지.
스스로를 확인하고 싶었을 것.
울리는 몸통이 고맙고 말고.
새 앉을 때 휘청하는 나뭇가지.
걸어가면서 통화중인 남자.
말소리 터져나가는 입에
생의 전부가 걸려있다.
침묵으로 열어가는 글 줄기 터널이
강줄기 바람줄기와 통하지 않을 리 있나.
글 줄기 놓치지 않으면
중얼거림은 잦아들겠지.
그가 잠들어버렸다.
말소리의 잔영이
그를 어루만지고 있진 않을까.

촉매

촉매catalyst에 들어있는 고양이.

큰 개가 고양이의 일격에 움찔,

촉매가 가볍지 않다.

물 끓기 직전 직후의 온도 차.

그 차이에 치타가 임팔라를 놓쳤다.

화살나무 줄기에 바람은 피 흘렸나.

소화 안 될 때 어머니는

손가락 끝마디를 바늘로 찌르셨지.

임계점은 기폭제.

초지일관 진력하고 있는 몸은

머뭇거려도 변함없는 속도.

누구나 이륙할 수 있다.

고양이와 촉매 사이가 어색하지 않네.

고양이 눈빛을 오래 맞서본 적 있던가.

시가 마냥 봐줄 거 같나.

언제 거둘지는 아무도 알 수 없다.

목숨 건다 해도

눈길 하나 안 줄 것이다.

파랑 파랑 파랑

나무춰 호수의 빨래하는 여인[*]

해발 4718m. 하늘호수라 한다.

하늘 심부를 도려낸 빛깔인가

저토록 짙푸를 수가.

빨래하는 일은 철썩이는 물결 따라

방망이 리듬 타고 노래도 해보는 일.

파랑 물빛에 공명하는 일.

있음 없음도 blue.

소리란 소리는 blue.

빨랫감 펄럭이지 않으면

파랑에 빨려들지 모른다.

물빛과 하늘 사이엔

고통의 파란 뼈대.

존재의 골격은 어디를 건드려도

푸른 섬광이 묻어 나올 밖에.

바람은 연신 흩트려놓을 밖에.

혼자 빨래하는 여인은

파랑을 노래하고 있었다.

퍼런빛 어린 설산을 울리고 있었다.

* 김경빈 사진작가의 작품

패랭이꽃이 깊다

"작지만 범접하기 어려운 하양."
흰 패랭이꽃을 본 화가*의 말이었다.
감히 범접할 수 없는 색이라면
잴 수 없는 색의 '깊이' 때문인가.
'깊이' 없는 게 뭘까.
깊이 없이 '존재'할 수 있나.
폰에 찍힌 꽃을 다시 보니
적요寂寥가 빛나고 있었다.
부딪치는 식기들 소리에도
메아리가 겹겹이 번지는 것 같았지.
얼마나 먼 데서 이 순간들이 왔을까.
눈 밝고 귀 맑으면 짐작이 될까.
뭐 하세요? "국그릇 좀 받아주세요."
"아, 알았어요." 찰나에 돌아왔다.
'범접하기 어려운' 심연이 툭 깨져
금세 돌아온 것이다.

* 설찬희 (1967-)

102

만만치 않은

영하의 날씨라 해도
바람 불고 아니고에 따라
체감에는 차이가 크다.
그런데 눈동자가 추위를 느낀 적 있나.
동공 그 팽팽함의 유무가
생사 판명의 기준이 되곤 한다는데
만취했을 때 눈이 풀렸다는 말
들었던가. 혹서 혹한으로도
흔들리지 않는 눈빛.
그런 빛이 불현듯 휘청했을 때는
속마음 들켰을 때.
딴청 부리고 있어도 몸의 진동은
숨길 수 없다.
입 맞춘 여자는 본능적으로
남자 눈을 살핀다지.
만만치 않은 것이다
한결같이 살아가기란.

어떤 詩일까

시집을 읽고 있는 노인.
눈을 떼지 못하고 있다.
차창 밖 풍경에 마음 갈 여지가
없을 정도인가.
어떤 詩일까.
詩가 잡아당기는 힘.
알기 어려운 그 뿌리.
〈詩〉 기운이 원래 기차를 관류하고
있었는지 모른다.
〈詩〉 에너지가 철로와 바람을
핥고 있었을 것이다.
〈詩〉를 호흡하고 있는 것이
〈존재〉일 것이다.
벗어날 재간이 없다.

날고 있는 不 不 不

별들을 받들고 있을 無.
無, 에서 반야심경 260 글자가 피어난 걸까.
반짝이느라 갈피잡지 못할 수 있으나
不, 그렇지 않다고 몇 번이나
노래하고 있지 않은가. 여성 둘이
입 가리며 웃고 있었다. 아니 아니라고
손 저어가면서 웃고 있는 것이다.
아니기도 하고 없기도 한 그 힘에
空, 엔 피가 돌아 공공 울리듯 돌아
色, 色이 윤기가 흐르지 않을 수 없지.
저렇게 웃음 터져 나오곤 하니
無, 가 무진장하지 않다면
힘쓸만한 것들이 있기나 할까.
천지사방 바람 풀어놓는 풀들의
군무群舞. 뭐라 하든 無, 가 먹여 살리고
不, 은 추임새 넣고 있었다.
無, 는 얼마나 통쾌해할까.

얼마나 잘 먹히고 있다는 걸까.

참나무에서 새 몇이 솟구치고 있었다.

不 不 不, 날고 있었다.

夕, 多

저녁 夕을 한 번 더 놓은 多다.
'많다'고 한 그 연유가 궁금하였지.
석양을 접는다면 아침노을에
포개지려나.
골수 어둠과 으르렁거리는 땡볕도
얌전해지는.
그것 믿고 한낮과 한밤중은
기세를 떨치고 있다는 거.
돌고 돌아 멈출 기미조차 없다지.
곤고한 하루의 노동을 달래주는 夕.
눈물이 잉태될 낌새가 많은 夕.
夕,에는 목적이 없다는 거다.
미덕 중 미덕이 아닐까.
밝음과 어둠이 풀려나기 좋은 夕.
엄마 냄새에 가까운 夕.
맡고 또 맡고 싶은 夕夕夕.

깐닥깐닥

앞사람 뒤꿈치가 깐닥깐닥
음악이라도 듣고 있는지
에스컬레이터가 다 올라가도록
놓치지 않고 있다.
미세한 층들로 주름져 있는
뒤꿈치가 겪은 사연들은
본인도 다는 알 수가 없잖아.
알고 싶지 않을지도 몰라.
지금은 다만 깐닥깐닥 깐닥깐닥
상처들도 에너지였나.
넘보기 어려운 벽들이
생을 방어하고 있었나.
퇴로를 막고 있었나.
변이바이러스도 거들고 있는가.
그렇다 해도 그녀 뒤꿈치는
깐닥깐닥 깐닥깐닥 깐닥깐닥
장대비가 쏟아지고 있었다.

결, 향기의

수령이 천년에 육박한다는 향나무.
'영원한 향기'가 꽃말이라면서
전란에도 그 나무를 안아본 사람들은
살아남았다는 구전口傳이 있다.
그 나무를 폰에 담아 투병중인 이에게
꽃말과 함께 전하였다.
'영원한 향기'라는 말에 무심한 사람은
없을 거다. 슬쩍 한번 미소를 건드렸을
꽃말의 그 에너지를
모른 척하진 못할 것.
출렁했을 그때 마음결은
시간의 한 점을 족히 찍었다는 거다.
그 여파가 세포를 가만둘 리 있겠나.
읽는 순간 흔들했을 마음의 파동은
영원 우주를 탈출할 수 없으리니
'영원'과 한 몸 아닐 수 없다.
지워지지 않는 것이 향기의 결이다.

無知

無知.

無,가 知,의 먹이였구나.

등대였나?

知,가 행세할 수 있었던 것은

전적으로 무장무애한 無, 덕이다.

바다 하늘이 푸르게 푸르게

無情하여 情,은 깊어질 수 있었는가.

그렇게 누대로 이어질 수 있었나.

상하좌우 360도 돌고 돌아봐도

無 능가할 숨통은 없으니.

도처엔 풀이 무성해져

암벽이 언젠가는 해방될 수 있다.

無知 없으면 '아름다움'도

꿈틀거리지 못한다.

영영 꺼질 수 없는 빛, 無,가

존재를 이끌고 있었다.

칼날 고요

'군더더기 없는 음악이 나올 수 있도록
장애물들 거듭 쳐내면서 연주해 가는 모습이
수행자 같아요.'
뻗어나가는 나뭇가지들도 허공을 헤치면서
갈 길 만들어 나간다.
뒤뚱뒤뚱 걸음마 배우는 아기가
또 그렇게 공간을 확보해 나간다.
음과 음 사이는 그러나 칼날 고요.
찰나라 해도 거치지 않을 수 없는 간극.
공간의 상처들은 적막이 핥아주고 있겠지.
어릴 적 산골에서 놀다가 다친 곳은
찧은 쑥이 아물게 하였지.
한 시간 넘게 피아노와 결투하던 그가
無我무아에서 풀려나고 있었다.
청중은 침묵에서 돌아오기 시작했다.
갈기갈기 찢어지면서도 숨죽이던 허공이
마침내 한숨 돌리진 않을까.

'cashmere'[*]

합성어 같은 단어로 보여
'재 구덩이로 나를 거듭 몰아가는 돈'
이렇게 읽혔다면 좀 과한가?
먹고 입고 자고를 빠뜨리지 않는 재.
어떤 상념도 깡그리 흡수해 버릴 것 같아
더는 갈 데 없을 재.
화산재가 주성분인 밭에서는
작물이 잘 된다는 원주민.
멀리 보이는 화산을 가리킨다.
간판 'cashmere' 가게 안의
보들보들한 옷감들.
처음 잡아본 그녀 손은 얼마나 보드랍던지.
자꾸 만지게 하는 그 보들보들은
재에서 피어난 꽃잎 꽃잎.
더없을 유인 전략.
神도 탄복했을 전략이었다.

* cash: 현금, ash: 재, me: 나를, re: 거듭.

수수꽃다리

나무 이름표에 '수수꽃다리'.
겨울이라 어떤 꽃인지 잘 모르겠다.
오다가다 여러 번 봤을 텐데.
그래도 '다리'. '足하다'가 생각나네.
다리 있으면 여기저기 볼 수 있다는.
'보는 게 믿는 것'이라고도 하지.
보이는 것 너머를 말하기란 쉽지 않은 일.
'보고 싶다' 없이 세상 건너갈 수 있을까.
이 말, 잃지 않으면
얼굴에 빛은 남아있으리.
찬바람 견디는 '꽃다리'를 다시 본다.
여태 글이 나올 수 있었던 것도
다리 덕.
'수수꽃' 보다 '다리'에
자꾸 눈 가는 날이다.
잘 보고 다니라는 말 수없이 들었다.
찬바람이 새삼 반갑기도 하다.

싱싱한 그물

나뭇잎 소나무줄기 수국꽃잎 말고도
돌담이나 구름 층층을 보곤 하다가
뒤집어보고 올려다보고 하였나.
잎맥의 음각 양각도 만져보았겠지.
어쨌든 그들 그물맥이 잡혔다는 것.*
전율로 들이닥쳤다는 것.
한들한들 코스모스 휘청거려도
쉽게 꺾이지 않는 것은 그물망 덕.
하얗게 파도칠 수 있는 것은 심해 덕.
하늘그물. 부증불감. 이런 말들도
그물맥에서 간파되었나.
출렁출렁 가없는 물결이 펼쳐져있다.
환기통인가, 그들은.
술 한 잔에 기대어있는 나그네마저
어쩌다 그 사실 눈치채고 말았으니.
그런 즐거움 세세토록 이어질 것은
아무도 부인하진 못하리.

빗줄기에 그물은 싱싱해지는 것이다.

* 정상화(1932-) 그림 참고
* 하늘그물, 不增不減 ―노자, 「반야심경」 참고.

옥신각신

안아주고 어루만지고 뽀뽀하면
여자는 바짝 올려다보며 두 팔로
매달리기도 한다.
그러던 중 택시 도착.
손 흔들고 흔드느라
여자는 금방 떠나지 못한다.
저런 열정이 빠짐없이 포개져
쌓이고 쌓인다면
생은 탄탄해질까.
그만큼 옥신각신의 밑거름도 될까.
돌연, 뒤에서 툭 칠 것 같은 소리
'걱정도 팔자다.'
능선에 2 km 펼쳐진 바위군群이
옹기종기 옥신각신.
만물상 암석들이 장관이다.
인간사의 애환에 견줄만한가.
거쳐 가는 바람줄기가
움찔움찔할지 모른다.

침묵이 긁히는

지혜로운 우주의 선택!
다시 보니, 주부의 선택!이었다.
고구마 박스 광고문이 한 발 뒤에서
그렇게 읽혔다.
'우주' '주부' 사이가 통해있다는 암시.
주부와 우주가 겉돌지 않는다는 말.
우주에서 극히 예외적이라는
지구 생명체.
탐조등보다 더한 눈빛으로
식품의 신선도를 간파하는 주부.
그 진원지는 아이 아닐까.
기차에서 밖을 내다보던 아이는
중얼거리거나 노래도 나오곤 하였지.
버스 창밖 신호등 옆에서는
여자 손 조몰락거리며
연거푸 소곤거리는 남자.
표정을 다물 줄 모르는 여자.

무슨 조짐이 있었는가.

전율이 우주를 관류하고 있었나.

침묵이 긁히곤 하는 것이다.

「틈」을 보다가

뿌리와 가지 사이의 일은
점점 미지의 것이 되어 간다

—한명희, 「틈」 중에서

같은 길 가던 사람들이
건널목 통과 후 흩어진다.
같은 건물 들어간 이들은
각각의 층에서 내리고
한 사무실에서는 자신의 위치가 있다.
거쳐 온 길에 붙들리지 않은 것은
발자국마다 미련이 없었다는 것.
길가의 꽃들도 갈 길 가고 있었다는 것.
빛이 역주행할 가능성은 없는 것이다.
완벽한 不仁*이 아닐 수 없다.
아득함으로도 넘볼 수 없는 '가지' 아닌가.
이미 지나와 버렸으니까.
'존재'로 폭파된 셈이니까.

도리 없이 그 가지는
외길이 아닐 수 없다.
그림자 없이
목소리가 허공을 가다니.
'未知',가 빠트리는 것 하나 없다니.[*]

[*] 老子, '天地不仁, 天網恢恢疏而不失.'

발걸음, 하얘진

엄마 어깨에 걸쳐있는 아기에게
미소를 보냈더니 웃었다.
손 흔들자 같이 응수하였다.
지하철 입구로 방향을 틀면서
서로 빠이빠이 했으나
싱글거림은 가라앉지 않았다.
아기 마음과 별 차이 없었나 보다.
평화가 무한정인 것 같았다.
시간의 길고 짧음이 무색했고
자동차들 소리 단풍 빛깔
행인들 발걸음 모두 모두가
하얘진 듯하였다.
상념들이 녹아버린 상태였나.
아무런 기대 없는 것이
몸의 본령일 것이다.
소리 없는 빅뱅이라 할까
농축된 영원인가
그 웃음과 손짓은.

빈빈

향나무 향이 톡톡 노크하기에
안녕하세요! 하였지.
나무들 나란히 빛나는 글자
彬彬빈빈.
질박함과 글이 어울리기도 한다는.
광채 아닌 적 없는 나무들.
비에 젖고 있을 때엔
숭엄해 보였으니.
마음 쇄락해지면
나무에 기중 근접하진 않을까.
비바람에 꺾어질 듯하다가
금세 돌아온 것은
본향을 잃지 않아서인가.
신작로 길 미루나무 아래서
소나기에 젖은 적 있었다.
나무도 어린 나도
속속들이 젖고 있었다.

興, 흥

유아원 아이들이 사거리에서
깡총깡총 춤춘다.
아이들 눈높이로 쪼그려 앉은
선생들의 맞장구에 춤과 웃음은
자꾸자꾸 나오나 보다.
산에선 산 높이로 보듯
'모래 한 알에서 한 세계를 보는'*
심원한 통찰도 그렇게 나왔을까.
풀잎 아래서 초목을 올려다보면
하늘이 배후인 것이다.
그렇지 않은 것이 있을까.
음악 공연 현수막, '흥 興'이
펄럭거린다. 興, 서로
동일한[同] 시선이라는 말.
수평으로 무한정 이어질 것이니
눈물 마주 흘리는 일도
속 시원히 그럴 수 있는 일.

그새 아이들 떠나버렸네.
단내가 남아있진 않을까.
모른 척하는 바람이
든든하고 든든한 것이다.

* William Blake(1757-1827)

칼 긋듯

가로수 새순들이 예리하다.
허공의 심부를 겨누고 있나.
시린 창공에 맞서는 길은
칼끝이 되는 것.
군중 속에서 그대 음성 들리는 것도
칼 긋듯이 목소리가 기류를
그어버렸다는 것.
가지마다 새순이 촘촘하여도
지향 점은 각각 하나하나.
한 나무 한 가지에 있어도
외로움만이 지켜준다.
잎들끼리의 수다를 지킬 수 있는
연두 빛 서슬.
허무도 방심할 수 없어
여태껏 무너지지 않았다.
생이 지속될 수 있었던 거다.

學林

나무탁자 패인 결마다
바래고 긁힌 흔적들은
난해한 악보.
음악도 미끄러지는 모서리.
가지들이 터져나갔던 통점들.
옹이는 검붉은 그리움에 젖어있나.
저절로 어루만지게 된다.
구석구석 맴돌던 사연들은
음정들과 하나였으리.
까치가 들고날 때 반응하는
창밖 나뭇가지들.
화음 속에 있지 않는 게 뭘까.
침묵 또한 교신의 한 갈래.
광대무변의 **華嚴**화엄이
빠뜨리는 것은 없다.
트럼펫 소리가 멀리 가고 있었다.

* 학림(1956-): 종로구 대학로 클래식 카페

빈랑자

살충작용 기 순환 효과의 한약재
檳榔子빈랑자.
잡념이 제거되고 재충전될 수 있을
방랑. 빈랑과 통할 여지가 보인다.
빈檳에 들어있는 손님賓.
나무나 우리나 지상에 온 손님.
한 곳에 자라는 나무라지만
새들 나비 곤충이 들락거리고
비바람 눈보라 폭염도 거쳐 가는
풍파가 없을 수 없어
방랑보다 더할 것 같다.
빈랑자와 방랑자.
발음은 친족 사이 같네.
소리 내어 볼수록 재미도 난다.
만사가 통해있기 때문인가.
소리 너머의 소리가
한 점에서 터진 때문.
빈랑. 비우게 하는 방랑 같다.

'공기 찢기'

몸이 한쪽으로 쏠리지 않는 것은
안과 밖이 대등하기 때문인가.
원자 세계를 들여다보면
몸 안이나 밖이나 텅텅 비어있단다.
실족하지 않는 바람.
비행기의 초음속으로 '공기 찢기'가
촬영되었으나 너덜거리는 공기는
없었다. 셀 수 없는 안팎 순간들은
침묵의 입자들 아닌가.
희비가 잡음 없이 스며드는 것이다.
간만에 반가운 전화 목소리.
셀 수 없는 것들이 놀랬을까.
신났을까.
이리 봐도 저리 봐도
봄볕은 노박이로 잡히질 않아
찢어질 틈이 안 보인다.

아이 혼자

터널을 기차가 빠져나왔을 때
우와, 탄성이 아이한테서 나왔다.
다들 폰에 박혀있거나 했는데
아이 혼자 길고 긴 굴에
맞서있었다.
어쩔 줄 모르던 굴의 진동이
우우우와,로 터져 나와 버렸다.
아이가 실내 공기를 환기시켰나.
생기 충만한 그 소리가
빅뱅의 嫡子적자였던 것이다.
대대손손 이어질 수 있었던
원음이었던 것.
둔탁한 세상을 뚫어나가는
소리 중의 소리였다.
아이 목소리에 응하는 엄마
꿈결처럼 실려 가고 있었다.
두툼한 흰 눈에
산자락 그늘이 빛나고 있었다.

말한 그대로

눈보라 속을 걸어오는 젊은이들
웃음소리가 거칠 것 없다.
바람이 놀라지 않았을까.
'허망한 발언도 진실합니까?
그렇습니다. 거둬들일 수 없으니
말한 그대로입니다.'*
내리는 눈이 돌아갈 곳 없고
빛 뿜는 눈길도 마찬가지.
개 짖는 소리 차량들 빵빵 소리
어둠도 그러하다.
회수되지 않는 바람과 다르지 않다.
눈 털고 찻집에 들어선 그들.
찬바람 냄새가 출렁거렸다.
온몸이 삽상해지는 기분이었다.

* 「범천과 문수의 문답」(『명추회요』 64 쪽) 중에서

빈둥거리다가

쥐 하고 눈이 마주쳤다.
흙담 작은 구멍이 뭘까 봤더니
쥐가 그렇게 내다보고 있었다.
뭘 들여다보느냐구, 그냥 가면 될걸.
니네 집이냐구, 중얼거렸더니
쏙 들어가 버렸다.
빈둥거리다가 벌어진 일.
'빨간 약을 먹으면 이상한 나라에
계속 남게 되고, 파란 약을 먹으면
이야기는 끝이 난다'는 구절.
출처는 모르지만 일리 있다.
복용하는 약들로 아직 남아있나.
끊으면 다른 세계로 전환될까.
캄캄 굴속이 그의 배수진.
어떤 몸이든 퇴로는 없다.
빈둥거렸던 휘트먼은 풀잎 하나에
천지 이치가 줄줄이 딸려 나올* 정도였지.

어둠의 정기가 서린 쥐 눈.

그 눈빛에 부딪쳤던 것.

그 빛에 감전된 글인가.

* Walt Whitman, 「Song of Myself」 참고

용과 봉황으로

龍飛鳳舞용비봉무.

음식점에 걸려있는 붓글씨였다.

용이 날고 봉황이 춤춘다는.

사업이 어떻게 흘러갈지

장담하긴 어려우나 그 사실이 힘이다.

방심할 수 없는 일.

용과 봉황이 떠올랐음은

현실이 그렇다는 것.

숱한 가변성이 에너지이기도 하다.

大雪 무렵 나목들 석축 담장도

다르지 않다.

변화 없는 것 없어

용과 봉황의 세계와 다를 바 없다.

희망사항을 그 둘에 척 걸어둔

주인의 심경은 그들과 하나인 셈.

생이 견딜 수 있는 것은

용과 봉황으로 숨 쉬기 때문이다.

창피하고 창피한

죽음은 아름다움의 어머니[*]
잠 못 자며 생을 기다리는 어머니.
생이 언제 찾아올지 이제나저제나
노심초사 기다리는 어머니를
알고도 못 본 척 모른 척 살아가다니.
다들 잘 때에도 잠들지 못하는
그림자처럼 지켜보는 어머니를
남처럼 대하다니.
평생을 그렇게 했으니 창피하고
창피한 일. 숯 인생이 쪽팔린[**] 일.
드디어 그 창피를 정면으로
보았고 거듭 시인하고
시인한 덕에
반짝반짝 빛나는 창피.
아유, 창피해, 하며 눈 가렸던
손도 빛나는가.
덩달아 쪽팔림도 빛나는가.

보는 눈빛도 넉넉해지는가.

* Wallace Stevens 「일요일 아침」 중에서
** 박찬일 시집 『기쁨의 총회』 185쪽

붕새 그늘이

능소화꽃 둘레가 하늘 귀를 사르는
동안이었을 거다*
붕새가 날고 있지 않을 수 없다.
꽃이 폭발하고 있어도
소리가 들리지 않는 근거가 된다.
순순히 감기는 눈꺼풀 아래
붕새 날개의 그늘이 깃들 것이다.
눈길 닿고 손 닿는 것마다
99%는 놀래키지 않는다.
새끼 낳은 어미에게는
펄떡이는 잉어 날뛰는 장닭이
열매와 다르지 않으니까.
폭설이었는데 어린 새가 날고
치솟은 설산이 새 그림자 따라
금 가기도 하지.
눈보라에 짙어가는 청보리.
어떤 상황이든

봉새가 날개를 접지 않는다는 거야.
〈존재〉의 서늘함이란 것도
날개에서 일고 있었으니까.

* 손현숙, 「반음, 이상하고 아름다운」 중에서.

世音, 詩音

觀世音菩薩관세음보살의 世音을
詩音이라 하면 어떨까.
詩音의 뿌리가 世音.
世音에서 피어난 것이
詩音.
世音보다는 형태와 꼬물거림이
잡힌다는 것.
나무와 당신이 보인다.
가만있지 못하는 世音.
보고 싶은 詩音.
자꾸 쓰다 보니까
이 둘은 비와 시 사이 같기도 하다.
그런데 시음 시음 하니까
탁주 생각이 나네.
종류가 많은 그 집도 생각나고.
이렇게 흘러갈 줄 몰랐는데
詩音이 한결 자극적인가 봐
만져보고 싶은.

육감은 초석

눈보라에 가뿐가뿐 뛰면서
빙글 돌기도 하는 젊은 여자들.
신호 대기 길지 않은 그 시간에
춤추고 재잘거리는 에너지.
남자한테선 찾기 쉽지 않아
정신 바짝 차리게도 한다.
즉흥에 그냥 맡기는 육감.
신호 바뀌기 전이라는 생각이
아예 보이지 않는 몸짓.
눈앞이 전부라는.
하여, 이별 낭떠러지 앞에선
혼비백산. 그 와중에도
발 디딜 틈은 직감되곤 하여
식솔은 놓치지 않는 것이다.
사상가들이 눈길 멀리 던질 수 있는
초석이었다.
길을 물어보는 중년 여성이
더러 있었다.

다시,에는 두려움이

'다시' 와 '또' 사이엔
바람을 뒤집을 만한 차이가 있지 않나.
글 쓰던 중 또,가 들어왔으나
다시,가 더 낫겠다 싶었다.
눈빛이 서늘하다,로 시작된 글이었는데
또,에는 서늘함이 잡히지 않는다.
다시,에는 두려움이 도사리고 있어
설렘과 기대치가
구름을 뚫을 기세.
길 가면서 몇 번 되짚어 보니
다시,로 수정했다는 점에
싱글싱글하였다.
노랑 진보라의 소국 꽃들이
햇살과 겨루고 있었다.
또,가 보이지 않는 광경이었다.

있다?

바람에 날린 머릿결에

얼굴 가려진 여자.

몸을 튼다.

틀고 틀고 하다 보니 변신.

언제 어디서 바람 불든

능히 변신하는 거다.

현실 바람에 대처하는 것이다.

멋스러워 보이지만 훈련 과정.

전반부에 혹했던 남자는

같이 살면서 그 후반부를 실감한다.

현실에 가끔 둔해지면

충돌하기도 하지.

한결같은 바람.

하소연해도 마찬가지.

大德대덕이 아닐 수 없다.

德 있고 없고를 벗어나 있다.

있다?

'있다'에 중독되어 있었나.

?

Question

Q. 갓 부화된 것을

본뜬 거 아닌가?

무엇이라 단정하긴 아직 이른

타원형에 꼼지락거리는 형상.

천지를 숨 쉬고

빛과 어둠을 호흡하는 것은

몸이 원래 그들과 하나라서 그런가?

온통 한 몸이라서 그냥 통하는가?

Q 를 다시 들여다보는 것이다.

입 이전 아득함에서 몸을 거쳐

뒷문 이후로 영영 흘러나가는

바로 그 흐름에 꿰어있는

몸.

'무시무종'에 걸쳐있는 형국.

'나' 없이 생 너머를 유추할 수 있나?

아무래도 이정표 아닐까 싶네.

어항의 금붕어를 들여다보는 아이.

머리통, 몸통이

Q 로 보인다.

날개뼈

어깨 통증 치료받다가 들었다
날개뼈라고도 한다는.*
날개가 퇴화된 흔적?
글 쓰고 그림 그리고
뭔가를 꿈꾸고 하여
비상하고 싶었었나.
어깨 좀 쓴다는 말이 있지.
목마 탄 적 있었고
어깨로 온몸 밀고 나가기도 했지.
재 너머 장에 간 엄마를 기다리다
노을 본 적 많았으니.
어깨너머로 훌쩍 돌아갈 때
좀 흔쾌해질 수 있을까.
세파에 짓눌린 날개
그 굴레에서 벗어난 듯이.
투명 날개와 하나이듯이.

* 최형일 한의사

그림자는 교각

풍화되는 살 속의 캄캄 골격이
체형을 이루고 있었네.
그 정교함은 거미집 같은가.
흔들흔들 거미줄은
깜장빛으로 반짝이기도 한다.
손짓 섞어 얘기하는 사람들
소리소리에도 낱낱이
교각처럼 그림자가 있다는 것.
빛의 파동이 포착될 수 있는 것도
받들고 있는 그림자 덕.
한눈팔 수 없는 것이다.
눈부신 공중에 햇살 그림자들이
바늘 다발다발로 보였다니.
까망 광채들로 그물 같다니.
'일광 속에는 어둠이'*
그의 작품 제목이었다.

* 존 배(1937-), 「Darkness in the Light of Day」

바다는 척추

실 같은 뼈들이 잠복해 있었다.
유리창에 빗방울 부딪쳐 내릴 때
맑은 그 뼈들이 주룩주룩 들켰다.
물방울 쉽게 흩어지지 않는 비책이
그처럼 치밀했을 줄이야.
숨결이 뭉개지지 않는 것도
다르지 않을 것.
뼈 없는 게 어디 있기나 할까.
점점이로 사방팔방 이어져 있었다.
'존재'가 '뼈'.
찰지게 펼쳐진 형태의 문자, '뼈'.
글자가 이미 감득해 버렸다.
흐를 만큼 흘린 눈물로
진정될 수 있는 것이다.
목숨이 기대어 온
짭짤한 뼈대.
바다가 전 생애의 척추였다.

146

어디서 오는가

개울 황토 빛 물가에
백로가 꼼짝 않고 있다.
탁한 저 물에 뭐가 보일까.
비린내를 겨누고 있나
물고기 심장 소리를?
물 흐름이 흔들린 곳?
차창 밖으로 스쳐간
부슬부슬 빗줄기 속의 백로를
가늠하기는 어렵다.
생존본능은 생각 이전의 세계.
원초에서 김 빠진 게 생각 아닌가.
숨통의 비린내가 물컹 잡히는
그 직감이 詩에 가까울까.
풍광의 핵이 직방으로 간파되는
그 길은 어디서 오는가.
얼마나 비워야 다가올까.

줄기 너머로

물웅덩이 수면에 개미들이
줄지어 만든 다리.
먹이를 나르고 있었다.

소라가 나선형인 것은
거친 물살이 진압되고
갑갑증이 회오리치는 진원지.

강바닥을 샅샅이 핥고 핥는
물줄기. 그 줄기에
기대지 않을 수 없는 밥줄.

달리는 버스 유리창의 빗방울은
위로 날고 있었다.
빗줄기 너머로 날고 있었다.
줄기 줄기가 몸이었다.

아무렴

담장 따라 이어진 줄장미.
뾰족하게 내밀고 있는 눈들은
표창 칼끝이다.
아니, 당신은 가격표도 제대로 안 보고
영수증도 안 가져왔어요?
지나가는 중년 부부였다.
칼날이 새순에만 장착되어 있는 것이
아니었다.
글에도 칼끝이 앞장서 있나.
전개방향을 이끄는 것은 공기 냄새일까.
펜을 들었다 놓았다 하다가
두리번거리는 눈길.
구름이 걸려들곤 할 때가 더러 있으니
만만한 게 구름인가.
아무렴 그 능청스러움이 큰 미덕.
시퍼런 창공보다는 기댈 만하고 말고.
줄장미 새순들이
진격하고 있었다.

요령소리

두부장수 요령소리.

참 오랜만이었다.

예전의 그 워낭소리가 떠오르네.

소는 소끼리 풀 뜯고

아이들은 놀이에 빠져있었지.

산 속이었어도 든든했던 것은

그 소리 덕.

온 산을 그득 채우고도

남는 소리였다.

아이들 소리와 워낭소리.

천연의 공연이라 하면 또 어떨까.

두부장수 얼굴 다시 보니

어쩌나, 수십 년 전 그가?

차림새 분위기가 닮았다.

시류에서 한발 비켜선 표정.

요령소리는

탄력을 잃지 않았다.

龍門 앞에서

밥집에서 나온 허연 사람들.
그나저나 우리도 오래 살았네,
허허허허. 그들 스쳐가자
술내가 남았다.
한약 달이는 냄새가 났고
물비린내 섞인 바람길들이
펼쳐져 있었다.
용 냄새에는 없는 게 없나 보다.
용을 만져보고 싶기도 했겠지.
구름 비치거나
꿈속 풍경 같은 용 그림도 있다.
'龍과 시인'이라는 글도 있었지.
어지간히 궁금했나 보다
용문,이라는 地名까지 나왔으니.
들숨 날숨 따라 詩로 꽉꽉
차있지 않았을까,
龍門 그 이름을
맨 처음 불렀을 그에겐.

소리 송곳

긴 굴 지나가는 낡은 기차.
객차와 객차 사이 통로에서
통화하는 이.
다른 귀는 한 손으로 막고
높은 소음을 연거푸 뚫어
덜컹덜컹 와중에 용건은 이어진다.
눈 내린 산의 능선들이
눈보라를 그렇게 가른 것이다.
밥줄 걸린 통화는 잘 끊어지지 않는다.
온몸의 에너지가
소리 송곳이 되어
또 다른 굴을 찌르고 들어간다.
무슨 말인지는 모르지만
잡다한 소음이
응원하는 것 같기도 하다.
축구장 함성 시끄러워도
공은 보이듯이.

칠칠치 못한

칠칠치 못하게 산 여기저기
떡고물 잔뜩 묻혀놨네.
골짝 한두 군데도 아니고
꼭대기 기슭 허리에
떡가루가 허옇다.
정신없이 먹었나.
소풍 삼아 쏘다니면서 흘렸나.
덩치가 얼마나 장엄하기에 그랬을까.
손발이 무수한가.
바람이 지그재그로 날렸나.
그렇다면 바람도 칠칠치 못한 거고.
원래 바람의 속성이 그렇겠네.
기웃기웃 거쳐 가면
꽃 피고 새들 지저귀니까.
둘 사이는 밤에도
손발이 척척 맞고 말고.
칠칠치 못한 게
하늘엔 숨구멍이다.

푸른 뇌실

'희한한 거짓말도 마구 쏘아댈 수 있는
푸른 뇌실'*
푸른 바다에 푸른 하늘
푸르디푸른 생각이 첨병이 되면
막히거나 겁날 거 없을 것 같다.
푸르름은 光年의 관문.
저녁별 아래 친구들 모여
놀이했던 빛깔도 blue.
뇌실의 배후가 안 될 수 없다.
푸른 기운 재충전되는 'Rest Room'
안내 글자가 파랑에 파랑.
줄지어 가던 아이들 소리도
푸른 파동이었으리.
생사를 관류할 수밖에 없는 빛깔.
길쭉한 타원의 짙푸름이
불편한 그를 일으켜 세우고 있었다.

* 성찬경, 「화형둔주곡」 중에서.

0.01%

'99.99% 공간 살균제' 광고문.
0.01% 는 숨구멍인가.
마음대로 다 할 수는 없다는 것.
용서가 꿈틀거리고
참고 참아도 눈물이 새나가는
0.01%의 여백.
양자세계에서는 그러나
어마어마한 수치일 거야.
그만큼의 나사 결함으로
우주선이 폭발하였다나.
너울 치는 바다에서
울림이 들려오고
싸락눈이 마른 잎을 연주하는.
그뿐인가, 얼음조각들 흘러가는 강.
보일락 보일락 하는 물오리.
0.01% 덕에 그가 보인 것이다.
덩달아 글에 걸려든 것이다.

Black Black

한적한 도로변 축대 위
대나무 숲과 소나무 사이에
검은 고양이. 눈동자는 초록빛이었다.
형형한 그 빛에 떠있는 까망.
Black Black이라 해본다.
눈빛과 깜장 광채는 번들거려
목소리는 뜻밖에 여리고 여려
배고픈가, 하는 생각은 잠깐.
Black에 압도되고 말았다.
홀로 빛나고 있는 Black.
이음새 없이 펼쳐지는 동선.
결핍이라곤 범접할 수 없어
바늘도 튕겨나갈 것 같다.
버스가 다가오네, 빠이빠이, Black.
아니, 벗어날 수 있나, Black을?
별빛도 어둠에 안겨있는데.

몽땅

뒤에서 들렸다, 몽땅,이라는.
영, 제로가 받들고 있는 글자.
무한에 직방인, 몽땅!
빈 독 안에 머리 숙여
소리 내본 적 있었다.
그 울림은 맑기도 하지만
아무것도 없다는 노래였다.
더욱 신났는지 몇 번을 되풀이하였다.
놀다가 웃다가 아이들은 뛰어다녔지.
이 골짝 저 골짝 메아리에
시냇물이 키들거릴 만했다.
그 소리들은
물물이 텅텅 비어있다는 증표.
굴뚝마다 저녁연기가 보이면
손 털고 궁둥이 털고
다들 집으로 갔지.
탈탈 털어버리는 그 마음으로

이제는 차량을 보고 사람을 보자.
이별이 다가오면 그대로 울리도록
비워두자.
풀잎처럼 신호등처럼 그렇게 하자.
신호등의 무심이 고맙고 고맙다.

덜어내기의 어려움

#1.

찻집 가는 길. 두툼한 가죽혁대에 송곳 펜치 망치 가위 등으로 장착한 그가 지나갔다. 허리 좌우 장비들로 든든한가. 이면지 몇 장과 펜을 지닌 채 걸어가는 나와 그는 戰士. 정기적으로 그는 일감이 있을까. 어느 직장에 소속되어 있을까. 뜻대로는 잡히지 않는 詩. 그 덕에 펜은 움직이는 것이다. 정해진 길이 없어 외려 힘이 되는 그 미지의 세계가 길이라면 길이다. 未知가 방랑만큼 끌리는 단어라는 것. 꽃도 그렇지 않은가, 다는 알 수 없어 꽃 앞에서 얼굴이 거듭 피어나는 것이다. 바위 앞에서는 입 다물게 되고 날고 있는 새를 따라가다가, 구급차 소리에 금방 눈은 돌아온다. 그물망이 출렁거리지 않을 수 없다. 잠시 머뭇거리는 펜.

#2.

떠도는 방랑이든 한 자리에서의 눈길 방랑이든, '放浪'이라는 말 자체가 미묘하다. 그 아우라는 끝이 안 보일 것만 같다. 마음 내려놓고 물결치는 대로 흐르면서 눈길 닿는 것에 온통 자신을 맡겨보는 듯한 心境. 아, 그렇지만 생각만큼 간단치 않을 때가 더 많다. 자꾸 생각이 개입되기 때문이다. 평생을 보태는 것에 익어있기 때문인지 덜어내기가 어렵다. 인간중심적 세계관이, 자기중심적 가치관이 부지불식간에 장애물로 등장하는 것이다. 존재의 관점에서는 하루살이나 티끌이나 인간이나 낱낱이 모두 평등관계에 있다는 사실을 자주 망각하고 있다는 것. 대상을 있는 그대로 인식하기란 참으로 지난하지 않을 수 없다. '팔정도'八正道의 맨 앞자리를 차지하고 있는 것이 '正見'이라는 것만 봐도 잘 보는 일이 중한 것임을 알 수 있다.

#3.
자주 가는 동네 찻집에서 따끈한 커피 한 잔을 앞에 두면, 그냥 좋다. 나를 아는 사람이 없다는 것이 우선 편하고, 등 뒤 높다란 침묵의 벽이 든든하다. 1시간 반 전후로 보내지만 보이는 광경들은 새롭고 새로워서 펜을 들 때가 종종 있다. 신호대기 중에 개와 나란히 서 있는 사람, 뛰어가는 젊은이, 할아버지를 붙잡고 조심조심 걸어가는 할머니, 쌩 달리는 택배 오토바이, 드물지만 언성 높이는 사람들, 날려가는 비닐봉지, 흔들리는 꽃잎 나뭇잎들, 변화무쌍한 그러나 서두르지 않는 구름들, 새 새 새들,─ 동시에 펼쳐지는 모습들이 무궁무진하다. 세계는 언제나 중중무진重重無盡이다.

#4.
그렇게 광경들을 보고 보다 보면 글의 실마리가 보이기도 한다. 산책, 버스, 전철, 기차 안에서도 그렇다. 무엇을 써 보겠다기보다는 보이는 것들, 인상 깊은 구절이 이끌어주는 기분. 그렇게 글줄기가 흘러가다가 뜻밖의 글이 나오면 신기하기도 하고 고맙다. 物物全眞. 몸을 비롯하여 물물마다 진실인 것을 실감하게 되는 것이다. 따라서 '하찮은 ~' 같은 표현에서는 인간의 편향된 인식이 무의식중에 자리 잡고 있음을 알게 된다. 그리고 '존재하는 것은 무엇이든 타당하다.'(Whatever is is right. —Alexander Pope)는 말이 깊이 있게 다가왔다. 밥과 똥이 평등하고, 구정물과 샘물 사이는 우열관계가 아니다. 각각은 존재원리 따라 그때그때 그렇게 존재할 뿐이다. 매 순간 더하고 뺄 것 없이 그대로 완벽하다. 수정하거나 가감할 게 있다면 그다음에 이루어지는 것이기 때문이다. 순간마다 어떤 모습 어떤 상황이든 유일무이한 것이다.

#5.
그런데 마음만큼 글이 잡히는 것은 아니라서 책 몇 쪽 읽다가 이런저런 낙서를 이면지에 적어보게 된다. 그중에 '영원은 시간의 산물들과 사랑에 빠져있다.'(Eternity is in love with the productions of Time. —William Blake)는 구절이 자주 말을 걸어오곤 한다. 존재하는 것은 예외 없이 시간의 산물. 돌멩이, 풀잎 하나도 영원과 사랑에 빠져있다는 것. 사랑이란 1:1, 절대 평등관계임을 고려해 본다면 잠깐의 뽀얀 입김도 영원성을 누리고 있다는 것이다. 명상가 마하라지가 그랬었지, 바닷물 한 방울에 바다 전부의 맛이 녹아있듯이 매 순간에는 영원의 맛이 녹아있다고. 하긴, 사방팔방을 위아래를 둘러봐도, 물구나무서기로 보아도 '지금'의 끝은 안 보인다.

#6.

또한 '시간을 통해서만 시간은 정복된다.'(Only through time, time is conquered. —T. S. Eliot)는 구절도 오래간다. 다가오는 일들을 고스란히 감당해 내는 것만이, 시간이 잠잠해지는 비책(?)일 거라는 생각. 니체가 언뜻 떠오르기도 하였다. 무엇보다 '마음이 시원하게 뚫려있어야 거기서 나오는 말이 나긋나긋하다'(心之孔嘉 其言藹如 —秋史 金正喜)는 말처럼, 안목이 좀 트였으면 하는 소망이다. 책, 신문기사도 참고하고 갤러리도 가보고 하여 어떤 식이든 시에 다가가고 싶다는 것. '방랑'wander과 '경이'wonder의 어원이 같다는 점에서 인연 따라 떠돌다 보면 경이驚異를 발견할 수도 있다는 것. 어쨌든 깜냥대로 쓸 수밖에 없는 안타까움이 생기는 것은 피할 수 없는 일이지만, 시를 만난다는 것은 신비로운 일이다. 詩를 생각할수록 松韻 성찬경 선생의 영전에 거듭 감사의 말씀을 올린다.

—예술가 2025년 봄호 '시인해부–설태수' 산문 전문

詩의 벗으로서 한 말씀

성찬경(시인·예술원회원)

이번 시집 『물소리 사이에 있다』가 열 번째로 나오다 보니 (필자의) 첫 시집 『열매에 기대어』의 「서문」이 떠올랐다. 성찬경 선생께서 제자에 대한 격려의 말씀을 주셨던 글이다. 거기에는 '古拙고졸'에 대한 언급이 비중 있게 다루어져 있었다. 그 용어의 함의하는 바가 적지 않기에 다시 상기하고 싶기도 하여 그 全文을 여기에 인용하고자 한다.

薛泰洙의 詩에는 童心의 세계가 깃들여져 있다. 천지만물이나 사람을 바라보는 시인의 눈이 맑고 천진하며, 거기에서 느끼는 반가움과 경이로움과 감동을 그대로 시에 담는다. 그리하여 설태수의 시에는 무엇보다도 따뜻함과 포근함이 무리처럼 서리고 있으며, 사물 상호 간에 오가는 親和力이 어디에고 스며있는 것이다.

이와 같이 설태수의 시세계는 單純함과 明瞭함을 그 큰 뼈대로 하고 있다. 그러나 이렇게 단순 명료한 동심의 세계가 결코 단순함 만에서 그치는 것이 아니다. 거기에는 또 예리한 知的 관찰과 어른의 경험과 깊은 사색을 거친 지혜가 마치 나무의 잎처럼 작용하고 있다. 예컨대 17세기 영국의 '形而上學派' 시인을 연상시킴 직한 세련된 재치가 알게 모르게 시의 도처에서 반짝이고 있는 것이다. 설태수 시의 동심은 일차 초극된, 걸러진, 경험의 세계를 뛰어넘어 淨化된, 그러한 동심의 세계나 다름이 없다. 그리하여 어느 의미에서는 이 동심의 세계는 동심의 세계보다도 더욱 〈童心的〉이다.

또한 설태수의 시에는 물오른 나무처럼 싱싱한 서정이 넘쳐흐르고 있다. 이 서정만이 눈에 뜨일 때 그것은 일종의 感傷性으로 읽힐는지도 모르겠다. 그러나 설태수 시의 본질과 감상성과는 무엇보다도 거리가 멀다. 사실 설태수의 시에는 범람하려는 感傷을 꾹 참고 누를 수 있는 자제력과 뚝심이 있다. 이러한 힘이 시에서 선명한 線으로 나타나는 것이다. 시가 천천히 출발한다. 그리고 천천히 멈춘다. 이때에 시를 끌고 가는 힘, 시를 정지시키는 힘은 마치 육중한 기관차가 무서운 관성을 실은 열차를 서서히 끌어당기는 힘, 서서히 정지시키는 힘을 연상시킨다. 놀라운 힘이다.

그리하여 설태수의 시는 고요히 멎고 있으면서도 그 안에 살랑이는 律動이 있고 유유히 흐르면서도 거기에 쉼이 숨쉬고 있다. 그리고 이러한 것들 전부가 설태수 시의 단순하면서도 깊은, 고요한 가운데에서도 힘을 느끼게 하는

요인이 되고 있는 것이다.

설태수의 이러한 시세계에 무슨 이름을 붙여야 할지 망설이던 중 나의 머리에 떠오른 것이 〈古拙〉이란 이름이었다. 그렇다. 설태수의 시에는 〈古拙的〉이라고밖엔 이름 붙일 수 없는 그러한 힘과 따뜻함이 있는 것이다.

무엇이고 單純 明瞭함이 없이는 〈古拙〉이 될 수 없다. 또한 우직함과 質朴함이 있어야 한다. 흐르는 線이 어딘가 둔하다. 그러나 그 둔함이 모든 예리함을 포용하는 그러한 예리함을 겸하고 있는 것이다. 그러나 〈古拙〉은 무엇보다도 건강하고 강인한 원초적 생명력이 고여 있어야 한다. 그리하여 〈古拙〉은 언제나 상실과 방황과 치유의 고향이다.

오늘날 많은 시인들이 방향을 잃고 방황하고 있다. 시대의 회오리바람에 휩쓸려 구심력을 잃고, 원심력이 몰아대는 대로 분열, 도주, 자학, 경련, 무기력에 빠져있다. 불투명한 미래를 바라보며 불안해하며 이젠 불안마저도 포기하려 하고 있다. 이러한 가운데서 〈古拙的〉인 미소를 띠면서 꿋꿋이 서 있는 설태수의 시는 반갑다 못해 신기하게 느껴질 정도다.

설태수의 시는 스스로 흔들리지 않을 뿐만 아니라 흔들리는 모든 것들을 차분히 끌어당겨 안정시켜 준다. 설태수의 시는 치유력을 지니고 있다. 우리가 잃은 그 무엇을 생

각나게 해 준다. 설태수의 시를 읽으면 詩人萬歲를 부르
고 싶어진다.

　　　　　　—설태수 시집 『열매에 기대어』 서문 전문